GENIOS DE LA CIENCIA

EINSTEIN

EL GENIO DE LA LUZ

TEXTOS JORGE ALCALDE
ILUSTRACIONES MIGUEL PANG

Vegueta Unicornio

Con la colección **Unicornio**, desde Vegueta queremos realizar nuestra particular aportación al proyecto universal más apasionante que existe, el de la educación infantil y juvenil. Como una varita mágica, la educación tiene el poder de iluminar sombras y hacer prevalecer la razón, los principios y la solidaridad, impulsando la prosperidad.

Genios de la Ciencia, la serie de biografías de científicos e inventores, pretende aproximar a los niños a aquellos grandes personajes cuyo estudio, disciplina y conocimiento han contribuido al desarrollo y a la calidad de vida de nuestra sociedad.

Guía de lectura: ¿Deseas saber más sobre Albert Einstein y su época? Junto a ⟡ tendrás información más detallada y junto a 🎙 encontrarás citas de Albert Einstein.

Textos: Jorge Alcalde
Ilustraciones: Miguel Pang
Diseño: Sònia Estévez
Maquetación: Candela Ferrández

© Vegueta Ediciones
Roger de Llúria, 82, principal 1ª
08009 Barcelona
General Bravo, 26
35001 Las Palmas de Gran Canaria
www.veguetaediciones.com

ISBN: 978-84-17137-16-8
Depósito Legal: B 6745-2018
Impreso y encuadernado en España

¡HOLA!

Seguro que a vosotros os pasa lo mismo que a mí. Que nos encanta mirar las estrellas por la noche. A mí me resulta algo más difícil, porque cuando yo estoy despierto las estrellas se esconden. Y siempre me ocurre lo mismo, me levanto muy deprisa para ver el cielo lleno de estrellas y, cuando llego, ya se han ido todas a dormir. Sí, lo has adivinado: soy el Sol.

Menos mal que tengo amigos que me cuentan qué se siente al ver el cielo de noche. Uno de ellos se llamaba Albert Einstein, y fue uno de los científicos más importantes de la historia porque descubrió cómo funciona el cosmos. Y se pasaba el día entero haciendo cálculos con la luz.

Mis amigos dicen que de noche se pueden ver cientos de estrellas tan brillantes que parece que están muy cerca. Sin embargo, aunque se vean cercanas, en realidad las estrellas están muy muy lejos. Tanto que su luz, que es el objeto más veloz del universo, tarda muchos años en llegar. No hay nada que viaje más deprisa que la luz. Es tan veloz que, si pudierais subiros encima de ella, vuestro cuerpo explotaría de velocidad. Pues aun así, la luz de las estrellas tarda años, decenas de años, cientos de años, miles de años, a veces millones de años en llegar a la Tierra. Están tan lejos que lo que vemos ahora es la luz que salió de ellas hace mucho. Yo soy la única estrella cercana a la Tierra, estoy a unos 150 millones de km de distancia. Mi luz tarda unos ocho minutos en llegar, pero solamente me podéis ver de día. Las estrellas nocturnas están mucho más lejos.

«No tengo talentos especiales, pero soy profundamente curioso.»

Enjambres de estrellas

El Sol es una estrella que vive en una galaxia llamada Vía Láctea. Es solo una de los 100.000 millones de estrellas que hay en la Vía Láctea. En el universo hay miles de millones de galaxias más, así que imaginaos lo grande que es.

La luz de las estrellas

La siguiente estrella más próxima a la Tierra, después del Sol, es la Alfa Centauri. Su luz tarda 4,3 años en llegar hasta nosotros. A eso los científicos lo llaman estar a 4,3 años luz de distancia. Si utilizáramos la nave espacial más veloz, un aparato que se llama New Horizon, tardaríamos 30.000 años en llegar a ella.

km = kilómetros

🪐 La velocidad de las pequeñas cosas

Hay más cosas que viajan a la velocidad de la luz, por ejemplo, los electrones que llevan la información de los ordenadores y los teléfonos móviles. Por eso cuando mandáis un mensaje de Whatsapp o hacéis una llamada, la persona lo recibe inmediatamente aunque esté en la otra punta del mundo.

Os preguntaréis cómo saben estas cosas los científicos. ¿Cómo es posible que sepan medir a qué distancia estamos las estrellas? En realidad tienen muchas maneras de saberlo, pero la mayoría de ellas se basan en una idea alucinante: la luz siempre viaja a la misma velocidad. Da igual que sea la luz que llega de una estrella o la de la bombilla de tu habitación, la luz de la pantalla del teléfono móvil o la de una vela. Su velocidad es siempre la misma: casi 300.000 km por segundo. Eso es una barbaridad. Si pudierais montaros en un rayo de luz (ya os digo que eso es imposible porque vuestro cuerpo no lo aguantaría), podríais dar siete vueltas y media a la Tierra en un segundo. ¡Guau!

Como la luz siempre viaja a la misma velocidad, podemos medir la distancia a la que están los cuerpos más lejanos cronometrando cuánto tarda en llegar la luz a ellos. Bueno, el tema es un poco más complicado, pero de momento nos basta con saber que hay una cosa en el cosmos que no cambia nunca: por eso los científicos dicen que es una «constante». Esa cosa es la velocidad de la luz. Lo sabemos gracias a muchos científicos, pero uno de ellos, el que más nos enseñó sobre la importancia de la velocidad de la luz, fue Albert Einstein, del que os hablaba antes. Se le considera el científico más importante de todos los tiempos. De pequeño, Albert fue un niño un poco especial. Más bien muy especial.

Albert nació en 1879 en una ciudad alemana llamada Ulm. Sus padres, Pauline y Hermann, usaban lámparas de petróleo para iluminar la casa, porque en aquella época no había luz eléctrica en los hogares. De hecho, el primer alumbrado eléctrico de la historia se encendió el mismo año que nació Albert, pero esto ocurrió muy lejos de Alemania: en un barrio de Estados Unidos llamada Menlo Park.

La noticia de aquel nuevo invento llegó a Ulm pocos días después. La gente estaba como loca: «¡Han encendido toda una ciudad con electricidad!», decían.

Un tío de Albert, Jacob, llevó a casa el periódico con la noticia. Había decidido que iba a dedicarse a vender lámparas de luz eléctrica. «Es el negocio del futuro». Y así fue cómo toda la familia se trasladó de Ulm a Múnich, siguiendo los pasos del tío Jacob y de su nuevo negocio.

Aquel viaje marcó para siempre la vida del pequeño Albert. Primero, porque le cambiaron de colegio, y segundo, porque entró en contacto con el fascinante mundo de la luz eléctrica: con sus cables, sus pilas, sus generadores y sus botones de todo tipo.

La primera luz eléctrica

Menlo Park es un barrio de Nueva Jersey, en Estados Unidos. Allí tenía su laboratorio otro gran científico de la época, Thomas Alva Edison. Cuando Einstein nació, Edison ya era un inventor famoso: había inventado una bombilla capaz de iluminar las casas y también un aparato para escuchar música llamado *fonógrafo*.

9

A Albert lo de que lo cambiaran de colegio no le sentó nada bien. De hecho, al principio fue un estudiante bastante rebelde. Sus padres estaban algo preocupados. Los profesores de la escuela de Múnich en la que lo matricularon se quejaban constantemente de su actitud. Era tímido y no atendía en clase. Además, tardó mucho en aprender a hablar y leer. ¿Qué le pasaba a Albert? No le pasaba nada, simplemente era un niño con una mente muy especial. En su interior se hacía un montón de preguntas que los maestros no sabían responder. ¿Por qué nos calienta la luz del sol? (¡Me encanta que los niños se pregunten por mí!) ¿Cómo hacen las brújulas para apuntar siempre al norte? ¿Por qué brillan las estrellas?... Albert era un preguntón. Y eso es de lo mejor que se puede decir de un niño o una niña. Hacer preguntas es la mejor manera de aprender.

Además, Albert era especial por otra cosa: era un genio despistado. Si hubiera nacido hoy, los profesores habrían dicho que era un niño hiperactivo. A lo mejor a algunos os lo han dicho también, o a algún amigo vuestro, ¿verdad? Hoy sabemos que eso es algo normal y que muchos lo sois, pero en la época de Albert Einstein los profesores no lo entendían. Simplemente pensaban que era un niño torpe. ¡Qué equivocados estaban! En realidad, Albert era el niño más listo que habían tenido jamás en clase.

🎙 «No entiendes realmente algo hasta que no eres capaz de explicárselo a tu abuela.»

🪐 **La abuela de Einstein**

La persona que mejor entendía a Albert era su abuela. En su diario, dejó escritas algunas de las cosas divertidas que Albert preguntaba de niño, cuando aún no tenía ni diez años. Gracias a esos escritos hoy sabemos que, efectivamente, Albert Einstein era un genio.

De todas las asignaturas que Albert estudiaba en el colegio, sus preferidas eran Matemáticas y Música. El padre de Einstein era muy bueno con los números y su madre era pianista, así que heredó una habilidad de cada uno. Y estas dos pasiones le acompañarían toda su vida. Las matemáticas fueron la herramienta de trabajo de Einstein cuando se hizo mayor. Todo lo que descubrió lo hizo gracias a que sabía muchas matemáticas. La música era su afición preferida y durante toda su vida, cuando se sentía triste, preocupado o muy estresado, se encerraba en un cuarto para tocar el violín.

Y es que Einstein iba a tener una vida muy ajetreada. No iba a ser fácil convertirse en el científico más famoso del mundo, el que cambiaría la historia de la ciencia, el que descubriría, nada más y nada menos, cómo funciona el universo. De mayor todo el mundo querría conocerle, le pedirían autógrafos por la calle, le invitarían a dar conferencias por todo el planeta, le darían un Premio Nobel (que es el premio más importante que se puede dar en el mundo de la ciencia) e incluso algunas personas querrían matarlo.

Su vida iba a ser muy interesante. Aunque eso todavía no lo sabía cuando, por fin, acabó sus estudios en la escuela y tuvo que empezar a decidir qué querría ser de mayor.

Albert tenía claro que quería estudiar ciencias, así que se preparó para entrar en el Instituto Politécnico de Zúrich, en Suiza. Al primer intento suspendió el examen de ingreso y tuvo que quedarse estudiando un año más en un pueblo llamado Aarau, para prepararse mejor.

En Aarau vivía solo y aquello le gustaba. Sus padres y sus profesores no lo vigilaban tanto, por lo que pudo ponerse a investigar las cosas que realmente le interesaban. Las ciencias naturales y la lengua le parecían un rollo. Él prefería la física y las matemáticas. Fue durante ese año, dedicado a sus propios estudios, cuando empezó a hacerse una pregunta muy extraña que todavía nadie había sabido responder. Una pregunta que tenía que ver con una de las cosas que le habían pasado de pequeño.

¿Os acordáis de que cuando era un crío su tío llegó a casa con un periódico donde se daba la noticia de que habían iluminado por primera vez una ciudad con luz eléctrica? ¿Y recordáis que aquello animó a su tío a montar un nuevo negocio de lámparas eléctricas? Pues precisamente fue la luz lo que fascinó a Einstein desde su más tierna infancia. Y, ahora que estaba a punto de entrar en la universidad, se sentía preparado para investigar algo que siempre le había intrigado sobre la luz: ¿qué se sentiría si pudiéramos viajar encima de un rayo de luz? La respuesta a esa pregunta iba a cambiar la historia de la ciencia. Y Einstein estaba dispuesto a encontrarla. Para entender cómo lo hizo, prestad atención a la siguiente historia.

🪐 **Los colegios militares**

El primer colegio al que fue Einstein era un colegio militar. En aquella época era habitual que los padres quisieran llevar a sus hijos a un colegio de ese tipo. Eran colegios muy duros, con una férrea disciplina y donde no solo se estudiaban las asignaturas habituales, también se hacían muchas pruebas físicas, se estudiaba la historia del ejército y de las grandes batallas y se imponían castigos muy severos a los alumnos que no cumplían las normas.

Imaginaos que dos niños van viajando en un tren. Los dos están sentados uno frente al otro y a mitad del camino, como se aburren, deciden empezar a jugar con una pelota. Se la van lanzando uno a otro.

Para todos los viajeros está claro que esos niños están parados y la pelota se mueve. Digamos que la pelota va a 5 km por hora. Ellos están quietos y la pelota se mueve.

Pero ahora el tren se pone en marcha. Todos los viajeros están sentados, es decir, siguen quietos, y la pelota continúa moviéndose a 5 km por hora. Hasta ahí, nada raro. Pero ¿y si alguien está en el andén del tren despidiéndose de los viajeros? Por ejemplo, la abuela. Ella también está quieta saludando con la mano y un poco triste porque sus nietos se van. Y ve por la ventanilla cómo ellos se mueven muy deprisa. ¿Cómo es eso posible? Las personas que están dentro del tren están sentadas. Pero las personas que están fuera del tren ven cómo las de dentro se mueven.

Esto ocurre porque el movimiento es relativo. Nos parece que las cosas se mueven cuando van más deprisa que nosotros. Pero en realidad todo se mueve. La pelota va más deprisa que quienes están sentados en el tren y por eso parece que se mueve. Los viajeros del tren van más deprisa que la abuela del andén y por eso a ella le parece que ellos se mueven. Pero la abuela está en la Tierra y la Tierra gira alrededor mío, del Sol. Si miramos la escena desde fuera de la Tierra veremos también a la abuela moverse.

Albert empezó a investigar e hizo cálculos de todo. Calculó la velocidad a la que va la pelota dentro del tren (5 km por hora) y luego calculó la velocidad del tren (100 km por hora) y comprendió que la abuela vería moverse al tren a 100 km por hora y la pelota a 100 más 5… ¡eso es: 105 km por hora! Parece fácil.

Entonces a Albert se le ocurrió cambiar el ejemplo de la pelota por un rayo de luz. Imaginó que los niños, en lugar de tirarse una pelota, se estaban iluminando con una linterna. Sentados en el tren, siguen quietos. La luz de la linterna viaja a una gran velocidad (¿os acordáis?, a 300.000 km por segundo), el tren se aleja a 100 km por hora. Y la abuela ¿cómo verá ahora la escena? Pues igual que antes. Ella estará quieta en el andén, verá a los niños alejarse a la velocidad del tren y la luz de la linterna la verá sumando la velocidad de la luz y la velocidad del tren, ¿no? Pues ¡cuidado! Porque eso es imposible.

¿No habíamos dicho al principio de este libro que la velocidad de la luz es siempre la misma? ¿Que no puede cambiar? Los niños se pueden ir tirando dentro del tren lo que se les ocurra: pelotas, gomas de borrar o lechugas, da igual: la abuela siempre verá desde fuera que lo que se tiran se mueve a la velocidad del tren más la velocidad del objeto. Siempre funciona así excepto cuando lo que se tiran es luz. A la velocidad de la luz nunca se le puede sumar nada. ¿Cómo se explica esto? Cuando Einstein encontró la explicación, se convirtió en el científico más aclamado de su tiempo.

«Lo importante es no dejar de hacerse preguntas.»

«El amor es la fuente de energía más poderosa de todo el mundo, porque no tiene límites.»

Pero antes tuvieron que pasarle algunas cosas. A la segunda oportunidad, logró entrar en la universidad en Suiza. Allí empezó a estudiar para ser ingeniero. También fue allí donde conoció a una matemática que se convertiría en su novia. Se llamaba Mileva. Pronto Albert y Mileva tuvieron un hijo, pero la buena noticia de la llegada de un bebé coincidió con una mala: el padre de Albert se había arruinado, su negocio iba fatal y no podría seguir costeándole los estudios ni cubrirle los gastos para cuidar a su bebé recién nacido. El joven Albert tenía que ponerse a trabajar como fuera.

Afortunadamente tenía un buen amigo, Marcel Grossmann, que le encontró trabajo en la oficina de patentes de la ciudad suiza de Berna. Una oficina de patentes es

el lugar donde los inventores registran sus creaciones. Si inventáis una nave espacial que vuele con alas de murciélago o un crecepelo infalible, tenéis que ir a una oficina de patentes a decir que el invento es vuestro. Así nadie os lo podrá robar.

Albert se pasaba el día viendo inventos de gente: cosas fascinantes, curiosas, ridículas e increíbles. Las recibía, las estudiaba y luego escribía un informe para que se supiera quién había sido el inventor. Y aquello le encantaba. Le permitía descubrir nuevas máquinas y aparatos, le espoleaba la imaginación y, sobre todo, le dejaba algo de tiempo libre para seguir investigando aquello que tanto le intrigaba de la luz dentro del tren. ¿Qué les pasa a los objetos cuando van a la velocidad de la luz?

☿ Mala suerte en el amor

Albert nunca fue feliz en sus matrimonios. Puede que no tuviera suerte con sus parejas o simplemente que no fuera una persona fácil para la convivencia. En el fondo, quienes le conocieron sabían que su verdadera pasión era la ciencia y no prestaba mucha atención a los detalles del amor. Pero siempre envidió a sus amigos y amigas que formaron familias felices.

☄ Un universo invisible

Mucho antes de que Einstein naciera, la ciencia ya sabía que los objetos están hechos de partículas invisibles. El primero en hablar de ello fue un filósofo griego hace 2.300 años. Se llamaba Demócrito y se inventó una palabra para definir a la unidad más pequeña en la que puede dividirse la materia: *átomo*.

Albert iba cumpliendo años. Tuvo dos hijos más con Mileva, aunque su relación empezó a deteriorarse y terminaron separándose. Pero antes vivió el año más importante de su vida. Ese año fue 1905, cuando cumplió 26 años. A esa edad ya había acabado la carrera, se había convertido en físico y empezaba a escribir artículos muy serios en revistas científicas muy prestigiosas. Ese año escribió cuatro artículos que darían la vuelta al mundo. En uno de ellos explicaba cómo es posible que la electricidad produzca luz.

Einstein sabía que todas las cosas están hechas de pequeños trocitos invisibles, de partículas. ¿Habéis pintado alguna vez un dibujo con puntitos? Podéis dibujar una casa, un perro, una bicicleta o un árbol y, en lugar de colorear los objetos, los podéis rellenar con puntitos de colores hasta que no quepa ni un solo puntito más. Si veis el dibujo desde lejos (y habéis tenido paciencia para poner muchos puntitos) os parecerá que cada objeto está coloreado por dentro.

En la naturaleza todo está formado de manera parecida a los puzles: una piedra, el agua del mar, vuestro cuerpo, una estrella o un mosquito. Todos estamos hechos de la unión de millones de partículas muy pequeñas. Son tan pequeñas que algunas solo se pueden ver con microscopios muy potentes, y otras ni siquiera las vemos. Solo notamos su presencia. Incluso la luz está formada por partículas. Esas partículas de luz se llaman *fotones*.

Podéis coger una linterna e iluminar con ella vuestra mano. ¿Notáis algo en la mano? La verdad es que no. La luz no se nota. Solo la vemos, pero no la podemos tocar. Sin embargo, cuando apuntáis con la linterna hacia la mano, miles de partículas están chocando contra la piel. Son tan pequeñas que no las percibís, como si un minúsculo mosquito se posara en vuestra mano y no os dierais cuenta. Pero algunas veces sí notáis la luz. Si es muy potente, la luz da calor. Pensad, por ejemplo, en el calor que podéis llegar a sentir si os exponéis mucho rato a mis rayos. O si estudiáis bajo la luz de un flexo que tiene una bombilla muy gorda: también terminaréis sudando. Esto ocurre porque las partículas que forman la luz impactan con las partículas que os dan forma a vosotros. Al chocar, las partículas se mueven y al moverse producen calor. Es como si os frotarais las manos: las partículas de luz «frotan» las partículas de vuestro cuerpo y las calientan.

En 1905 Einstein no solo le presentó al mundo su fórmula más famosa, aunque algo complicadilla de entender ($E=mc^2$, o «la energía de un cuerpo en reposo es igual a su masa multiplicada por la velocidad de la luz al cuadrado»). Ese mismo año, en otro famoso artículo, también explicó otra cuestión que pueden hacer las partículas de luz. Enseguida veréis...

🪐 **Un año prodigioso**

También en 1905, en España un científico muy importante descubría cómo funciona el cerebro humano. Se llamaba Santiago Ramón y Cajal y fue capaz de dibujar el modo en el que se conectan las neuronas para producir pensamientos y sensaciones. Al año siguiente le dieron el Premio Nobel de Medicina por ello.

☄ El físico más famoso

Algunos años después de descubrir el efecto fotoeléctrico, a Einstein le dieron el Premio Nobel de Física por ello. Gracias a descubrimientos como este, Albert empezó a hacerse famoso. Todas las universidades le invitaban a dar conferencias.

☄ Energía solar

Para lograr que la luz del sol genere electricidad hay que utilizar paneles fotovoltaicos. Esos paneles se pueden poner en cualquier sitio. Lo más normal es colocarlos en los tejados de las casas o en grandes fincas que se llaman *granjas solares*.

Las partículas de luz (fotones) también pueden chocar con otras partículas llamadas *electrones,* que están dentro de la materia. Imaginad que hacéis un dibujo de puntitos como el de antes, pero con puntos de diferente tamaño. Primero coloreáis la casa con puntos gordos y luego metéis dentro de esos puntos gordos puntitos más pequeños. La materia, es decir, aquello de lo que está hecho todo, también está formada por piezas de diferentes tamaños. Unas piezas se llaman *átomos* (que son más grandes) y dentro de ellos hay piezas más pequeñas, los electrones, protones y neutrones. Cuando los electrones se mueven, producen electricidad.

Pues bien, en su año mágico, Albert Einstein descubrió una cosa importantísima sobre los electrones. Einstein pudo explicar que, cuando las partículas de luz (los fotones) chocan con unas de las partículas de la materia (los electrones), se produce un caos. Los electrones empiezan a moverse como locos, a rebotar como en una pista de coches de choque y a alejarse de su sitio. Se mueven tanto que pueden ser arrancados de su espacio y desplazarse de un lugar a otro, como si los coches de choque se salieran de la pista. Al moverse así, los electrones empiezan a generar electricidad. A Einstein le encantaba: la luz se convierte en electricidad… ¡Qué pasada! ¡Qué forma más chula de iluminar todas las casas del mundo! A ese fenómeno lo llamó *efecto fotoeléctrico* (porque relaciona los fotones de la luz con los electrones de la electricidad).

🎙 «Las personas que nunca han cometido un error nunca se atreven a intentar nada nuevo.»

🪐 Las herramientas de los científicos

Unos usan microscopios para ver las cosas por dentro, otros telescopios para mirar al cielo, y hay quien emplea ordenadores muy potentes. También existen sistemas de medición como rayos láser para distancias muy grandes, y rayos X para ver dentro de la materia.

Los científicos pueden investigar de muchas maneras. Algunos utilizan herramientas muy complicadas como microscopios, telescopios, ordenadores o rayos X. Todos esos instrumentos son muy útiles para la ciencia. Pero Albert Einstein no utilizó nunca ninguno de ellos. Él solo utilizaba lápiz y papel. Sí, se imaginaba las cosas, las pensaba durante largo rato y luego convertía sus ideas en fórmulas matemáticas. Creía firmemente en el poder de las matemáticas para explicar el mundo. Todo lo que nos rodea se puede explicar con números. El peso de tu cuerpo es un número. La velocidad a la que puedes correr es un número, la cantidad de agua que cabe en el vaso es un número. Si tuviéramos unas gafas para ver el mundo como Einstein, veríamos números por todas partes.

28

Y esos números se pueden relacionar entre sí, hablan unos con otros. Cuando los científicos unen números de este modo crean fórmulas matemáticas, y las fórmulas matemáticas sirven para explicar el mundo que nos rodea.

Así que Albert empezó a escribir muchas fórmulas matemáticas sobre cómo funciona la luz y por qué siempre va a la misma velocidad. Y se dio cuenta de algo. ¿Cómo medimos la velocidad de las cosas? Utilizando un reloj. Cuando echamos una carrera en la piscina pedimos a alguien que cuente los segundos que tardamos en llegar a la meta. Si nuestro reloj marca que hemos tardado 20 segundos y el de nuestro amigo marca 30 ¡hemos ganado, hemos ido más deprisa! Es decir, para medir la velocidad, utilizamos el tiempo.

✐ Lápiz y papel

Einstein buscaba los números que se escondían detrás de todo lo que veía a su alrededor. A su segunda esposa, Elsa, eso le gustaba mucho. Una vez, a los dos les invitaron a ver cómo funcionaba por dentro el telescopio más potente del mundo para ver las estrellas. Cuando acabaron la visita, Elsa dijo muy orgullosa: «Bueno, ¡tampoco es para tanto! Mi marido Albert es capaz de descubrir más aspectos de las estrellas con solo papel y lápiz».

Albert empezó a medir la velocidad de la luz. Recordad el juego del tren. Si medís la velocidad del rayo de luz de la linterna dentro del tren, os dará 300.000 km por segundo. Si vuestra abuela la mide fuera del tren le dará esa velocidad más la velocidad del tren (una velocidad mayor). Pero como ya sabéis que la velocidad de la luz no puede cambiar nunca y tampoco se le puede sumar nada, ¿qué habrá pasado? Einstein lo descubrió: dentro del tren, vuestro reloj va más lento que el de la abuela en el andén. El tiempo es diferente dependiendo de dónde se mida.

Einstein no se lo podía creer. Había descubierto que el tiempo puede cambiar. Que los segundos y minutos no son siempre iguales. Nadie le iba a a hacer caso. Dirían que se había vuelto loco. ¿Quería eso decir que vuestro reloj mide el tiempo de una manera diferente al de alguien que viaja a la velocidad de la luz? Para explicarlo, Albert puso un ejemplo. Dos hermanos gemelos hacen una prueba. Uno se queda en casa mientras el otro se sube a una nave espacial y viaja a la velocidad de la luz. Después de un año en el espacio, el viajero debe volver a casa. El chico lleva un reloj que le marca el paso de las horas. Y, efectivamente, al contar que ha pasado un año, regresa. Abre la puerta de casa y se encuentra a un anciano. ¡Es su hermano! Para el hermano astronauta ha pasado solo un año, pero para el que se ha quedado en casa han pasado muchísimos más. El tiempo ha transcurrido de manera diferente para ambos.

«Nunca consideres el estudio como una obligación, sino como la oportunidad para penetrar en el bello y maravilloso mundo del saber.»

🪐 La teoría de la relatividad

La idea de que el tiempo es diferente según desde donde se mire es muy difícil de entender. Einstein la explicó con su teoría de la relatividad, que hoy se estudia en todas las facultades de Física. Es la teoría más importante para explicar el universo, pero es tan rara que muy poca gente termina de comprenderla. Si os cuesta entenderla, no os preocupéis. Algunos profesores de Física tampoco la entienden muy bien.

Parecería cosa de brujas. Pero no lo era. Einstein pudo convencer a todo el mundo de que lo que decía era cierto. ¿Por qué? Porque pudo demostrarlo con números, con matemáticas. Creó unas fórmulas matemáticas para explicarlo y con ellas escribió una teoría: la teoría de la relatividad. Posiblemente la más importante jamás escrita, porque ayudó a entender el cosmos.

Gracias a la teoría de la relatividad hoy sabemos que la luz de las estrellas se curva cuando pasa por un planeta o un astro muy grande. Es como si el universo fuera una colchoneta en la que se tumba un grupo de amigos. Entre esos amigos, uno pesa mucho y es más gordo. Cuando se tira a la colchoneta hace un agujero tan grande que todos los demás se hunden hacia él.

En el cosmos, las estrellas y planetas muy grandes también hacen un agujero parecido en el espacio, y la luz se curva cuando pasa por esos agujeros. Este fue uno de los descubrimientos de Einstein, y gracias a eso los telescopios pueden medir distancias de estrellas muy lejanas y calcular dónde hay galaxias, planetas, agujeros negros y otras cosas increíbles que pueblan el universo. Sin la teoría de la relatividad de Einstein, no sabríamos cómo es el cosmos ni podríamos utilizar bien nuestros paneles solares, y tampoco funcionarían los navegadores de los coches o los teléfonos móviles. Todo lo que tiene que ver con cómo se mueve la luz por el espacio, no se habría podido inventar jamás. ¡Gracias Albert!

EL PROTAGONISTA

Albert Einstein nació en la localidad alemana de Ulm el 14 de marzo de 1879. Su familia era judía y, aunque nació en Alemania, tuvo varias nacionalidades. Primero se nacionalizó suizo, luego austriaco y finalmente estadounidense. Mientras trabajaba en una oficina de patentes, escribió las bases de la teoría de la relatividad especial, una explicación sobre el funcionamiento del cosmos que le convirtió en el científico más famoso de su época. En ella desarrolló la ecuación más conocida de la física: $E=mc^2$, que relaciona la masa y la energía y que, en resumen, nos explica que todos los objetos tienen energía y que, cuanto más rápido nos movemos, mayor energía generamos.

OTROS HITOS Y GENIOS DE LA HISTORIA

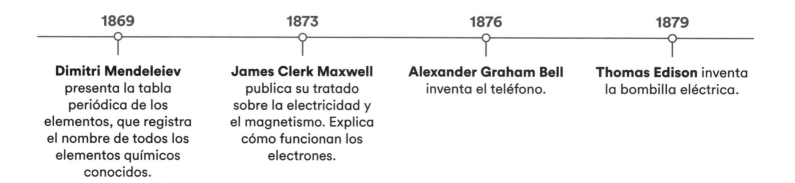

1869

Dimitri Mendeleiev presenta la tabla periódica de los elementos, que registra el nombre de todos los elementos químicos conocidos.

1873

James Clerk Maxwell publica su tratado sobre la electricidad y el magnetismo. Explica cómo funcionan los electrones.

1876

Alexander Graham Bell inventa el teléfono.

1879

Thomas Edison inventa la bombilla eléctrica.

En el año 1921 recibió el Premio Nobel de Física por otro descubrimiento: la explicación de por qué la luz puede ser utilizada para generar electricidad.

Por culpa de la llegada al poder de los nazis en Alemania, Albert Einstein tuvo que huir de su país. Se instaló en Estados Unidos, se hizo profesor de universidad y siguió publicando libros e impartiendo muchas conferencias. Fue una estrella no solo académica, sino también mediática, admirado por millones de personas hasta su muerte en 1955.

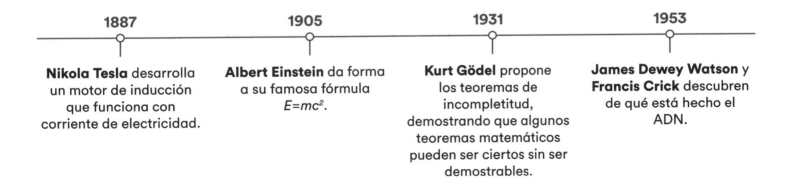

1887

Nikola Tesla desarrolla un motor de inducción que funciona con corriente de electricidad.

1905

Albert Einstein da forma a su famosa fórmula $E=mc^2$.

1931

Kurt Gödel propone los teoremas de incompletitud, demostrando que algunos teoremas matemáticos pueden ser ciertos sin ser demostrables.

1953

James Dewey Watson y **Francis Crick** descubren de qué está hecho el ADN.